いのめいさく 小学1年

くじ

1 三《みっ》つの ねがい

ペロー

おじいさんが 大《おお》きな 木《き》を きろうと すると、ようせいが あらわれて、いいました。

「この 木《き》を きらないで くれたら、ねがいを 三《みっ》つ かなえて あげる。」

おじいさんは、ようせいの たのみを きいてやり、いえに かえりました。

「おいしい ソーセージが たべたいなあ。」

おじいさんが つぶやいた とたん、目《め》の まえに 大《おお》きな ソーセージが あらわれました。

「まあ、なんて ことでしょう。」

びっくりして いる おばあさんに、おじいさんは 森《もり》で あった ことを はなしました。

「まあ、せっかくの ねがいごとを ソーセージ

読《よ》んだ日《ひ》　月《がつ》　日《にち》

❶ ようせいは、どう すると ねがいを 三《みっ》つ かなえて あげると いいましたか。

・（　　　　）を きらないように する。

❷ おじいさんの さいしょの ねがいは、なんでしたか。

・おいしい（　　　　）が たべたい。

に　つかうなんて　もったいない。こんなソーセージ、おじいさんの　はなに　くっついてしまえば　いいのに。」

おこった　おばあさんが　そう　いった　とたん、ほんとうに、ソーセージが　おじいさんの　はなに　くっついて　しまいました。いくら　ひっぱっても　とれません。

おばあさんは、もう　一《ひと》つ　ねがいごとを　かなえられる　ことを　おもい出《だ》しました。

「もとに　もどれ。」

ソーセージは、ぽろりと　はなから　とれました。二人《ふたり》は、よろこんで　なかなおりしました。

❸ おばあさんが　おこったのは、なぜですか。

・せっかくの　ねがいごとを　ソーセージに　つかうなんて、

（　　　　）と　おもったから。

❹ 「もとに　もどれ。」と　いった　ときの　おばあさんの　気《き》もちに、○を　つけましょう。

ア　もっと　大《おお》きな　ソーセージに　なって　ほしい。

イ　もう　一《いち》ど、ようせいに　あって　ほしい。

ウ　おじいさんの　はなが　もとに　もどって　ほしい。

2 ブレーメンの 音《おん》がくたい

グリム

読《よ》んだ日《ひ》　月《がつ》　日《にち》

音《おん》がくが　大《だい》すきな　ろばと　犬《いぬ》と　ねこと
にわとりが、

「ブレーメンの　町《まち》へ　いって、音《おん》がくたいに
入《はい》ろう。」

と、たびに　出《で》ました。

森《もり》の　中《なか》で　日《ひ》が　くれると、木《き》の　上《うえ》に　のぼった　にわとりが、

「あそこに、いえの　あかりが　見《み》えるよ。」

と、おしえて　くれました。

どうぶつたちが　あかりの　もれる　まどを　のぞいて　みると、中《なか》に　いたのは、どろぼうたち。ここは、どろぼうの　かくれがだったのです。

「そうだ、いい　ことを　おもいついたぞ。」

1　ろばと　犬《いぬ》と　ねこと　にわとりは、なぜ　たびに　出《で》たのですか。（　）に　あう　ことばを　かきましょう。

・（　　　　）の　町《まち》へ　いって、（　　　　）に　入《はい》る　ため。

2　「いえの　あかり」は、どこの　まどから　もれて　いましたか。

ろばに　犬《いぬ》が　のっかって、犬《いぬ》に　ねこが
のっかって、ねこに　にわとりが　のっかって、
みんな　いっぺんに　なきました。
「ヒーホー！　ワンワン！　ゴロニャーゴ！　コケコッコー！」

「うわあ、ばけものだあ。」
どろぼうたちは、まどに　うつる　かげを　見《み》て、びっくり。あわてて　にげて　いきました。
どうぶつたちは、その　いえで　なかよく　くらしましたとさ。

・（　　　）の
かくれが。

❸「いい　こと」とは、どんな　ことですか。

・ろばに（　　　）が
のっかって、（　　　）
に　ねこが　のっかって、
（　　　）に
（　　　）が
のっかって、みんな　いっぺんに　なく　こと。

3 ねずみの そうだん

イソップ

「あの ねこを どうにか しないと、おいしい ごはんに ありつけないぞ。」

大《おお》きな やしきの ねずみたちが あつまって、そうだんを はじめました。

やしきに いる ねこは、ねずみが 大《だい》きらい。ねずみが あなから 出《で》て くる ところを ねらって、おそいかかって くるのです。

足音《あしおと》も 立《た》てず、そっと ちかづいて くるので、ねずみたちは あんしんして ごはんを さがしに いけません。

「なにか、いい かんがえは ないものかなあ。」

おじいさんねずみが、いい ことを おもいつきました。

読《よ》んだ日《ひ》　月《がつ》　日《にち》

❶ ねずみたちは、なんの そうだんを はじめたのですか。一《ひと》つに ○を つけましょう。

ア ねこと なかよく する ための そうだん。

イ ねこに おそわれない ための そうだん。

ウ ねこの ごはんを たべさせて もらう ための そうだん。

❷ 「いい こと」とは、どんな ことですか。（ ）に あう ことばを かきましょう。

「ねこの　くびに　すずを　つけるんじゃ。ねこが　うごけば　すずが　なるから、いる　ところが　すぐに　わかるぞ。」

「それは　いい！」

みんなは、大《だい》さんせいです。

「でも、だれが、ねこの　くびに　すずを　つけに　いくの？」

こわくて、だれにも　できません。

ねずみの　そうだんは、なにも　きまらずに、おわって　しまいました。

・ねこの（　　）に（　　）を　つける　こと。

❸「いい　こと」が　だれにも　できないのは、どうしてですか。（　）に　あう　ことばを　かきましょう。

・ねずみたちは、（　　）が（　　）から。

4 ヘンゼルと　グレーテル①

グリム

ヘンゼルと　グレーテルと　いう　きょうだいが、森《もり》へ　のいちごを　つみに　いきました。

「まい子《ご》に　なって　しまうかも　しれないわ。」

しんぱいする　いもうとの　グレーテルに、おにいさんの　ヘンゼルが　いいました。

「だいじょうぶ。この　パンを　こまかく　ちぎって、めじるしに　しよう。」

二人《ふたり》は、パンを　すこしずつ　ちぎって、みちに　おとして　いきました。

森《もり》の　おくには、のいちごが　いっぱい　みをつけて　いました。二人《ふたり》は、むちゅうで　のいちごを　つみました。

ふと　気《き》が　つくと、もう　日《ひ》が　くれはじめ

読《よ》んだ日《ひ》　月《がつ》　日《にち》

❶ ヘンゼルは、まい子《ご》に　ならないように、なにを　めじるしに　しましたか。（　）に　あう　ことばを　かきましょう。

・（　　　）
ちぎった（　　　）。

❷ めじるしが　なくなって　しまったのは、なぜですか。

・森《もり》の（　　　）が
たべて　しまったから。

て　います。二人《ふたり》は、めじるしの　パンくずを
さがしました。けれども、どこにも　ありません。
なんと、森《もり》の　小《こ》とりたちが　たべて　しまった
のです。二人《ふたり》は　しかたなく、森《もり》の　中《なか》を　ある
きまわりました。

　しばらく　して、二人《ふたり》は、あまい　においに
気《き》が　つきました。つかれて、おなかも　□
だった　二人《ふたり》は、ふらふらと　においの　する
ほうへ　あるいて　いきました。

　すると、どうでしょう。森《もり》
の　中《なか》に、おかしで　できた
いえが　ありました。二人《ふたり》は、
おかしの　いえから、チョコ
レートや　クッキーを　はが
して、たべはじめました。

❸ □に　入《はい》る　ことばは、どれですか。一《ひと》つに　○を　つけましょう。

ア　くたくた
イ　ぷんぷん
ウ　ぺこぺこ

❹ 二人《ふたり》が　森《もり》の　中《なか》で　見《み》つけた　いえは、なにで　できて　いましたか。三字《さんじ》で　かきましょう。

5 ヘンゼルと グレーテル②

グリム

二人《ふたり》が おかしを たべて いると、いえの中《なか》から、おばあさんの こえが しました。

「中《なか》に 入《はい》って、ごはんを おたべ。」

じつは、おばあさんは、この 森《もり》に すむ わるい まじょ。いえに 入《はい》った ヘンゼルを、おりの 中《なか》に とじこめて しまいました。

そして、グレーテルに、

「おまえは、ごちそうを つくるんだよ。にいさんは、ふとらせてから たべて やる。」

と、いうのです。

それから、グレーテルは、まい日《にち》 まじょの てつだいを させられ、ヘンゼルは、ごちそうを たべさせられました。

読《よ》んだ日《ひ》　月《がつ》　日《にち》

❶ 「おばあさん」は、ほんとうは、なんだったのですか。

・森《もり》に すむ わるい
（　　　　）。

❷ ヘンゼルは、どう なりましたか。（　）に あう ことばを かきましょう。

・（　　　　）の 中《なか》に とじこめられ、
（　　　　）を たべさせられた。

ある 日《ひ》、まじょが いいました。

「ええい、なかなか ふとらないね。もう、がまんが できない。たべて やる。」

まじょが、かまどに 火《ひ》を つけようと した

とき、グレーテルが まじょの せなかを どんと おし、かまどの 中《なか》に とじこめました。
にげ出《だ》した 二人《ふたり》は、二人《ふたり》を さがしに きた おとうさんに 出《で》あい、ぶじに いえに かえる ことが できました。

❸ 二人《ふたり》は、どう やって にげ出《だ》しましたか。

・グレーテルが、

（　　　　　　）を

（　　　　　　）の

中《なか》に とじこめた。

❹ にげ出《だ》した 二人《ふたり》が 出《で》あったのは、だれですか。

・二人《ふたり》を さがしに きた

（　　　　　　）。

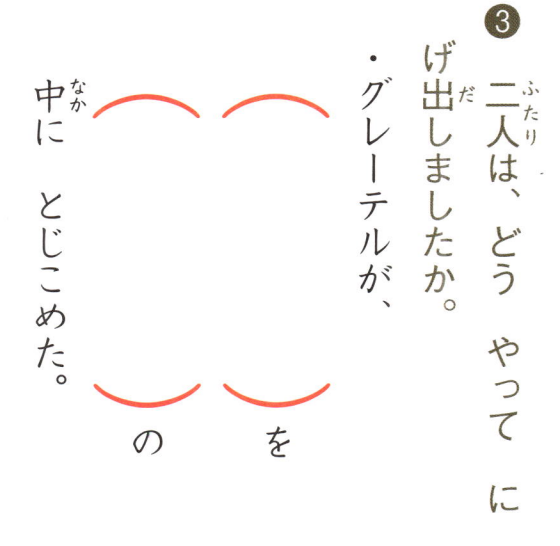

6 三人《さんにん》の むすこ

イソップ

ある ところに、年《とし》を とった おひゃくしょうさんが いました。

おひゃくしょうさんには、三人《さんにん》の むすこが いましたが、いつも けんかばかり して いました。

「いままで、だまって いたが、はたけに たからが うまって いる。」

そう いいのこして、おひゃくしょうさんは、なくなりました。

むすこたちは、たからを じぶんの ものに しようと、くる 日《ひ》も くる 日《ひ》も、くわで はたけを ほり、とうとう ひろい はたけを ぜんぶ ほりかえして しまいました。しかし、た

読《よ》んだ日《ひ》 月《がつ》 日《にち》

❶ 三人《さんにん》の むすこは、どんな きょうだいでしたか。よい ほうに、○を つけましょう。

ア とても なかの よい きょうだい。

イ とても なかの わるい きょうだい。

❷ おとうさんが むすこたちに いいのこしたのは、どんな ことですか。（ ）に あう ことばを かきましょう。

・はたけに （　　） が うまって いる こと。

からは　出《で》て　きませんでした。

いちばん　上《うえ》の　むすこが　いいました。

「おとうさんは、なんで　うそを　ついたんだろう。」

すると、二《に》ばんめの　むすこが　いいました。

「見《み》て　ごらん。ぼくたちがくわで　ほった　せいで、はたけが　きれいに　たがやされて　いる。たがやした　ところから、むぎが　のびて　きて　いるぞ。」

三《さん》ばんめの　むすこが　いいました。

「おとうさんの　いって　いた　たからとは、ぼくたちが、なかよく　たすけあって　いく　ことだったんだよ。」

❸ むすこたちが、くる　日《ひ》も　くる　日《ひ》も　はたけを　ほったのは、どうしてですか。

・はたけの（　　）を（　　）の　ものに　しようと　おもったから。

❹ おとうさんが　いって　いた　「たから」とは、なんだったのですか。四字《よじ》で　かき出《だ》しましょう。

・きょうだいが、
［　　　　］
たすけあって　いく　こと。

十二《じゅうに》の 月《つき》①

スロバキアの むかしばなし

さむい ふゆの ことです。わがままな 女王《じょおう》が、一人《ひとり》の 女《おんな》の子《こ》に すみれの 花《はな》を とってくるように、めいれいしました。

すみれは、はるの 花《はな》です。女《おんな》の子《こ》は、つめたいかぜの ふく 森《もり》の 中《なか》で、すみれを 一生《いっしょう》けんめい さがしましたが、見《み》つかりません。

日《ひ》も くれて、さむさも きびしく なってきた ころ、とおくに たき火《び》の あかりが 見《み》えました。女《おんな》の子《こ》が ちかづくと、たき火《び》を かこんで いる 人《ひと》たちが います。

「わしらは『十二《じゅうに》の 月《つき》』の ようせいじゃ。さあ、火《ひ》に あたりなさい。こんなに さむい 中《なか》、どうして 森《もり》を あるいて いるんだね。」

読《よ》んだ日《ひ》　月《がつ》　日《にち》

❶ つぎの ときに あうきせつの 名《な》まえを、それぞれ二字《にじ》で かきましょう。

・女《おんな》の子《こ》が、つめたい かぜの ふく 森《もり》の 中《なか》を あるいた とき。

・森《もり》に すみれの 花《はな》が さく とき。

いちばん　たかい　石《いし》に　すわって　いた　おじいさんが、ききました。女《おんな》の子《こ》が　わけを　はなすと、おじいさんが　いいました。

「わしは、一月《いちがつ》の　ようせいじゃ。三月《さんがつ》の　ようせいと　せきを　かわると　しようか。」

せきを　かわった　三月《さんがつ》の　ようせいが　つえを　一《ひと》ふりすると、どうでしょう。ゆきは　たちまち　とけ、すみれの　花《はな》が、いっせいに　さいたのです。

「ありがとう。ようせいさん。」

女《おんな》の子《こ》は、すみれの　花《はな》を　もって　かえる　ことが　できました。

❷ はじめに、いちばん　たかい　石《いし》に　すわって　いたのは、だれですか。一《ひと》つに　○を　つけましょう。

ア　一月《いちがつ》の　ようせい。
イ　三月《さんがつ》の　ようせい。
ウ　五月《ごがつ》の　ようせい。

❸ 三月《さんがつ》の　ようせいが、つえを　一《ひと》ふりすると、どう　なりましたか。

・（　　　）が　たちまち　とけて、（　　　）の　花《はな》が　いっせいに　さいた。

8 十二《じゅうに》の月《つき》②

スロバキアの　むかしばなし

すみれの　花《はな》を　もって　かえった　女《おんな》の子《こ》を見《み》て、女王《じょおう》は　とても　よろこびました。

けれども、すぐに　いいました。

「りんごを　とって　くるのじゃ。」

りんごは、あきの　くだものです。むかしは、ふゆには　ありませんでした。

女《おんな》の子《こ》は　しかたなく、また　森《もり》に　出《で》かけていきました。森《もり》の　おくふかくまで　いくと、ようせいたちが　たき火《び》を　かこんで　いました。

「こんどは、［　　］を　もって　かえらなければなりません。」

「九月《くがつ》の　ようせいよ。せきを　かわって　おくれ。」

いちばん　たかい　石《いし》に　すわった　九月《くがつ》の

❶ ［　］に　あう　三字《さんじ》の　ことばを　かき出《だ》しましょう。

［　　　］

❷ だれが　どう　した　とき、あたりが　あきの　けしきに　なりましたか。

・（　　　　）が
（　　　　）を　一《ひと》ふり　した　とき。

読《よ》んだ日《ひ》　月《がつ》　日《にち》

ようせいが、つえを　一《ひと》ふりすると、あっと　いう　まに、あたりは　あきの　けしきに　なりました。女《おんな》の子《こ》は、ようせいに　おれいを　いって、りんごを　二《ふた》つ　もらって　かえりました。

りんごを　女王《じょおう》の　ところに　もって　いくと、女王《じょおう》は　かんかんです。

「どうして　二《ふた》つだけなのじゃ。もっと　たくさん　ある　はずじゃ。」

女王《じょおう》は　そう　いうと、へいたいたちを　ひきつれて、森《もり》の　中《なか》へ　入《はい》って　いきました。けれども、だれ　一人《ひとり》、森《もり》から　かえって　くる　ことは、ありませんでした。

③ 女《おんな》の子《こ》が　りんごを　もって　いった　とき、女王《じょおう》は、どんな　ようすでしたか。一《ひと》つに　○を　つけましょう。

ア　とても　おこった。

イ　とても　よろこんだ。

ウ　とても　かなしんだ。

④ 女王《じょおう》が　森《もり》の　中《なか》へ　入《はい》って　いったのは、どうしてでしょうか。（　）に　あう　ことばを　かきましょう。

・もっと　たくさんの（　　　　）を　じぶんの　ものに　しようと　おもったから。

9 アリババと 四十人《よんじゅうにん》の とうぞく

アラビアン・ナイト

アリババが、森《もり》で 木《き》を きって いると、たくさんの うまの 足音《あしおと》が きこえて きました。こわく なった アリババが、いわ山《やま》の そばの 木《き》の かげに かくれて いると、四十人《よんじゅうにん》の とうぞくが、うまに のって やって きました。

とうぞくたちは、いわ山《やま》の まえで うまを おりました。手《て》には、たくさんの にもつを もって います。とうぞくの おやぶんが、大《おお》きな こえで さけびました。

「ひらけ ごま!」

すると、いわ山《やま》が ゴゴゴッと われて、入《い》り口《ぐち》が あらわれました。とうぞくたちが、あなの 中《なか》に にもつを かくしおえると、おやぶんが、

読《よ》んだ日《ひ》　月《がつ》　日《にち》

❶ アリババは、どこに かくれて いましたか。

・（　　　　）の そばの（　　　　）。

❷ とうぞくの おやぶんが、「ひらけ ごま!」と さけぶと、どう なりましたか。

・いわ山《やま》が われて、（　　　　）が あらわれた。

大《おお》きな　こえで　さけびます。
「とじよ　ごま！」
いわ山《やま》は、もとどおりに　なりました。
とうぞくたちが　いなくなると、アリババは、いわ山《やま》の　まえに　立《た》ち、さけびました。
「ひらけ　ごま！」
いわ山《やま》が　われ、入《い》り口《ぐち》が　あらわれました。中《なか》に入《はい》って　みると、そこは　たからの　山《やま》。ここは、とうぞくたちの　たからの　かくしばしょだったのです。アリババは、もてるだけの　たからを　ふくろに　つめて　もちかえり、大金《おおがね》もちに　なりました。

❸ いわ山《やま》が　もとどおりに　なったのは、だれが、なんと　さけんだ　ときですか。
・とうぞくの
（　　　　）が、

「（　　　　）」

と　さけんだ　とき。

❹ アリババが　もちかえった　ものは、なんですか。三字《さんじ》で　かきましょう。
・ふくろに　つめた
［　　　］。

10

さいごの 一葉《ひとは》

オー・ヘンリー

ある アパートに、一人《ひとり》の 少女《しょうじょ》が すんで いました。となりの へやには、えかきさんが すんで いました。

あきに なり、少女《しょうじょ》は おもい びょう気《き》に なりました。お見《み》まいに きた えかきさんに、少女《しょうじょ》は いいました。

「まどの そとの 木《き》の はが ぜんぶ おちたら、わたしの いのちも きえる 気《き》が するの。」

その よるは、一《ひと》ばん中《じゅう》 つめたい かぜが ふいて いました。

あさに なると、木《き》の はは、すうまい のこして、みんな おちて いました。

「みんな おちて しまうのね。」

読《よ》んだ日《ひ》　月《がつ》　日《にち》

1 少女《しょうじょ》の となりの へやに すんで いたのは、だれですか。

（　　　）

2 「その よる」に あうのは、どれですか。一《ひと》つに ○を つけましょう。

ア 少女《しょうじょ》が、おもい びょう気《き》に なった よる。

イ えかきさんが、お見《み》まいに きた よる。

ウ 木《き》の はが、ぜんぶ おちた よる。

その よるも、一《ひと》ばん中《じゅう》 つよい かぜが ふきましたが、あさに なっても、木《き》には まだ 一《いち》まいの はっぱが のこって います。

「一《いち》まいの はっぱが がんばって いるのだから、わたしも がんばれるかも。」

それから、少女《しょうじょ》の びょう気《き》は、すこしずつ よく なって いきました。

びょう気《き》が なおってから、少女《しょうじょ》が そとに 出《で》て 見《み》ると、さいごの 一《いち》まいの はっぱは、かべに かかれた えだと わかりました。えかきさんが、少女《しょうじょ》に きぼうを もたせる ために かいた、はっぱだったのです。

❸ 少女《しょうじょ》が「がんばれるかも」と おもったのは、なにを 見《み》たからですか。（　）に あう ことばを かきましょう。

・木《き》に のこって いた （　　） の はっぱ。

❹ 一《いち》まいの はっぱが のこって いたのは、なぜですか。

・はっぱは、（　　）が、少女《しょうじょ》の ために、（　　）に かいた えだったから。

11 トム・ソーヤ

マーク・トウェイン

ある　なつの　日《にち》よう日《び》。トム・ソーヤは、おばさんに　いえの　まわりの　へいに、ペンキを　ぬるように　いわれました。

へいは　とても　ながくて、トムは　うんざり。

その　とき、とおくから　ともだちの　ベンが　あるいて　くるのが　見《み》えました。

「そうだ。いい　ことを　おもいついたぞ。」

トムは、はなうたを　うたいながら、へいに　ペンキを　ぬりはじめました。ベンが　ちかくに　きても、トムは　ペンキぬりに　むちゅうで　気《き》づかない　ふり。

「なんだか　たのしそうだね。ペンキぬりって、そんなに　たのしいのか。ぼくにも　やらせて

読《よ》んだ日《ひ》　月《がつ》　日《にち》

❶ へいに　ペンキを　ぬって　いる　ときの　トムは、どんな　気《き》もちでしたか。四字《よじ》で　かき出《だ》しましょう。

❷ 「いい　こと」とは、どんな　ことですか。一《ひと》つに　◯を　つけましょう。

ア　じぶんだけで　ペンキぬりを　する　こと。

イ　ベンと　いっしょに、ペンキぬりを　する　こと。

くれないかなあ。」

「ああ、ベンか。いやあ、おばさんが、ぼくしかやっちゃ　だめだって。きみには、まかせられないよ。」

「そんな　こと　いわないで。ていねいに　するからさ。この　りんごも　あげるから。」

そう　いうと、ベンは　トムに　りんごを　わたし、ペンキを　ぬりはじめました。

それから、へいの　まえを　とおりかかる　トムの　なかまたちが、つぎつぎと　ペンキぬりを　たのしみました。

トムは、木《き》の　下《した》で　りんごを　かじりながら、のんびりして　いましたとさ。

ウ　じぶんの　かわりに、ベンに　ペンキぬりを　させる　こと。

❸ トムの　なかまが　ペンキぬりを　して　いる　とき、トムは、どう　して　いましたか。（　）に　あう　ことばを　かきましょう。

・木《き》の　下《した》で

（　　　　）を　かじりながら、

（　　　　）して

いた。

12 金《きん》の おの ぎんの おの

イソップ

ある 男《おとこ》が、川《かわ》の ほとりで 木《き》を きって いた ときの ことです。

おのを ふり上《あ》げた とたん、おのは 手《て》から はなれて、水《みず》の 中《なか》に ボチャンと おちて しまいました。川《かわ》は ふかくて、とても おのを ひろいには いけません。

「こまったなあ。」

男《おとこ》が おろおろして いると、とつぜん、川《かわ》の 中《なか》から めがみさまが あらわれました。

「あなたが おとしたのは、この おのですか。」

めがみさまが さし出《だ》したのは、金《きん》の おのでした。

「いいえ、ちがいます。」

読《よ》んだ日《ひ》　月《がつ》　日《にち》

1 男《おとこ》が、「こまったなあ。」と おろおろして いたのは、どうしてですか。（ ）に あう ことばを かきましょう。

・川《かわ》が （　　　）て、（　　　）を ひろいに いけないから。

2 めがみさまは、どんな じゅんに おのを 見《み》せましたか。（ ）に 1～3の すう字《じ》を かきましょう。

「では、これですか。」

こんどは、ぎんの　おのを　見《み》せました。

「いいえ、ちがいます。」

「では、これですか。」

三《さん》どめに　めがみさまが　見《み》せたのは、男《おとこ》が　つかって　いた　てつの　おのでした。

「そうです。それが、わたしの　おのです。」

「あなたは、正直《しょうじき》ですね。ごほうびに、金《きん》の　おのと　ぎんの　おのも　あげましょう。」

めがみさまから　金《きん》と　ぎんの　おのを　もらった　男《おとこ》は、しあわせに　くらしました。

（　）ぎんの　おの。
（　）てつの　おの。
（　）金《きん》の　おの。

❸ 男《おとこ》が　川《かわ》に　おとしたのは、なんの　おのですか。

・（　　）の　おの。

❹ 正直《しょうじき》に　こたえた　男《おとこ》が、めがみさまから　もらった　ものは、なんですか。二《ふた》つ　かきましょう。

（　　）

（　　）

13

よくばりな 犬《いぬ》

イソップ

犬《いぬ》が、大《おお》きな　にくを　口《くち》に　くわえて、大《おお》よろこびで　あるいて　きました。
「いえで　ゆっくり　たべると　しよう。」
川《かわ》の　上《うえ》に　かかって　いる　小《ちい》さな　はしまで　きた　とき、犬《いぬ》は、川《かわ》の　中《なか》を　のぞきこみました。水《みず》は　すんで　いて、およいで　いる　さかなまで　よく　見《み》えます。
その　とき、犬《いぬ》は、川《かわ》の　中《なか》から　こちらを　じっと　見《み》て　いる　犬《いぬ》に　気《き》が　つきました。その　犬《いぬ》も、大《おお》きな　にくを　くわえて　いるでは　ありませんか。しかも、むこうの　にく

1 川《かわ》の　中《なか》を　のぞきこんだ　犬《いぬ》は、どんな　ことに　気《き》が　つきましたか。（　）に　あう　ことばを　かきましょう。

・大《おお》きな（　　　）を　くわえた（　　　）が、川《かわ》の　中《なか》から　こちらを　じっと　見《み》て　いる　こと。

2 口《くち》に　くわえて　いた　にくが　川《かわ》の　中《なか》に　おちたのは、犬《いぬ》が　どう　した　ときですか。

読《よ》んだ日《ひ》　月《がつ》　日《にち》

の　ほうが、すこしだけ　大《おお》きそうです。

「なまいきな　やつだ。あの　にくも　とって　やろう。」

犬《いぬ》は、力《ちから》いっぱい、ワンワンと　ほえました。

すると、その　ひょうしに、口《くち》に　くわえて　いた　にくが、ドブンと　川《かわ》の　中《なか》に　おちて　しまいました。

「しまった！」

犬《いぬ》は、くやしそうに　さけびました。

気《き》が　つくと、むこうの　犬《いぬ》も　なにも　くわえないで、くやしそうな　かおを　して　います。

川《かわ》の　中《なか》の　犬《いぬ》は、はしの　上《うえ》の　じぶんが　水《みず》に　うつった　すがただったのです。

「よくばった　せいで、ばかな　ことを　した。」

犬《いぬ》は、とぼとぼと　かえって　いきました。

・川《かわ》の　中《なか》の　犬《いぬ》に　むかって、（　　　　）とき。

❸ 川《かわ》の　中《なか》の　犬《いぬ》は、なんだったのですか。

・水《みず》に　うつった（　　　　）の　すがた。

❹ 犬《いぬ》は、にくを　おとしたのは、なんの　せいだと　おもいましたか。

・（　　　　）せい。

14

しあわせな 王子《おうじ》

オスカー・ワイルド

町《まち》を 見下《みお》ろす たかい だいの 上《うえ》に、しあわせな 王子《おうじ》の ぞうが 立《た》って いました。からだには 金《きん》が はられ、目《め》や、こしの けんには、いろとりどりの ほう石《せき》が ちりばめられた、とても うつくしい ぞうです。

ある よる、一《いち》わの つばめが 王子《おうじ》の 足《あし》もとに やって きました。つばめが 休《やす》んで いると、ぽつんと 水《みず》が おちて きました。それは、王子《おうじ》の なみだでした。

「あなたのように、うつくしい かたが、どうし

読《よ》んだ日《ひ》　月《がつ》　日《にち》

❶ しあわせな 王子《おうじ》の ぞうは、どこに 立《た》って いましたか。（　）に あう ことばを かきましょう。

・町《まち》を 見下《みお》ろす たかい（　　　）の（　　　）に 立《た》って いた。

❷ 王子《おうじ》が ないて いたのは、どうしてですか。一《ひと》つに ○を つけましょう。

ア ひとりぼっちで さびしいから。

て　かなしそうに　なくのですか。」

「たかい　だいの　上《うえ》からは、びょう気《き》の　子《こ》どもや、まずしくて　パンを　かえない　人《ひと》たちが　見《み》えます。でも、わたしは　うごけず、なにも　して　やる　ことが　できません。それが　かなしいのです。そうだ、わたしの　からだの　ほう石《せき》や　金《きん》を　はがして、みんなに　あげて　くれませんか。」

つばめは、まい日《にち》　すこしずつ、まずしい　人《ひと》たちに　ほう石《せき》や　金《きん》を　はこびました。

いつの　まにか、王子《おうじ》は　なんの　かざりも　ない、みすぼらしい　すがたに　なりました。

けれども、町《まち》は　子《こ》どもたちの　げん気《き》な　こえで　いっぱいに　なりました。

それを　見《み》た　王子《おうじ》は、とても　しあわせでした。

イ　うごけないので　どこにも　いけないから。

ウ　こまって　いる　人《ひと》たちに　なにも　して　やれないから。

❸ つばめが　まずしい　人《ひと》たちに　はこんだ　ものは、なんですか。

・王子《おうじ》の　からだから　はがした　（　　　　）。

❹ 子《こ》どもたちの　げん気《き》な　ようすを　見《み》た　王子《おうじ》は、どんな　気《き》もちでしたか。

・とても　□□□□　だった。

15 ひしゃくぼし①

トルストイ

むかし、ロシアの 村《むら》で、ながい こと 雨《あめ》の ふらない 日《ひ》が つづきました。

その 村《むら》には、びょう気《き》の おかあさんと 女《おんな》の子《こ》が すんで いました。

「ああ、のどが かわいた。」

おかあさんが、くるしそうに いうのを きいて、女《おんな》の子《こ》は、木《き》の ひしゃくを もって、水《みず》を さがしに 出《で》かけました。

草《くさ》や 木《き》は かれ、いどは からからに かわき、どこにも 水《みず》は ありません。女《おんな》の子《こ》は、さがすのに つかれて、たおれて しまいました。

「かみさま、どうか おかあさんに 水《みず》を……。」

すると、ふいに ひしゃくが おもく なりま

読《よ》んだ日《ひ》　月《がつ》　日《にち》

❶ 女《おんな》の子《こ》が 水《みず》を さがしに 出《で》かけたのは、どうしてですか。（　）に あう ことばを かきましょう。

・女《おんな》の子《こ》の びょう気《き》の（　　　　）が、（　　　　）が かわいた と いうのを きいたから。

❷ 女《おんな》の子《こ》が かみさまに おねがいを すると、どんな ことが おきましたか。

した。ひしゃくを　見《み》ると、中《なか》に、水《みず》が　いっぱい　入《はい》って　いるでは　ありませんか。

女《おんな》の子《こ》は、じぶんも　水《みず》が　のみたいのを　がまんして、いそいで　いえへ　むかいました。かえりみちの　とちゅうに、一《いっ》ぴきの　犬《いぬ》が　うずくまって　いました。

「かわいそうに。のどが　かわいて　いるのね。ほら、水《みず》よ。」
女《おんな》の子《こ》が　ひしゃくを　さし出《だ》すと、木《き》のひしゃくは、いつのまにか　ぎんの　ひしゃくに　かわって　いました。

・ひしゃくに（　）が
いっぱい　入《はい》って　いた。

③ 女《おんな》の子《こ》が、犬《いぬ》に　水《みず》を　あげようと　ひしゃくを　さし出《だ》すと、どんな　ことが　おきましたか。

・いつのまにか
（　）の　ひしゃくが
（　）の　ひしゃくに
かわって　いた。

16 ひしゃくぼし②

トルストイ

女《おんな》の子《こ》は、ふしぎに　おもいましたが、いそいで　いえに　かえりました。

「おかあさん、水《みず》よ。」

女《おんな》の子《こ》が　水《みず》を　さし出《だ》すと、おかあさんは、くびを　ふりました。

「あなたが　先《さき》に　のみなさい。」

おかあさんが、そう　いった　とたん、ぎんの　ひしゃくは　金《きん》の　ひしゃくに　かわりました。

そこへ、しらない　おじいさんが　やって　きました。

「のどが　かわいて、しにそうだ。」

おじいさんは、よろよろと　すわりこみました。

女《おんな》の子《こ》が、ひしゃくを　さし出《だ》した　ときの

読《よ》んだ日《ひ》　月《がつ》　日《にち》

❶ 女《おんな》の子《こ》が、水《みず》を　さし出《だ》した　とき、おかあさんが　くびを　ふったのは、なぜですか。

ア 水《みず》を　のみたく　なかったから。

イ 水《みず》が、とても　まずそうだったから。

ウ 先《さき》に、女《おんな》の子《こ》に　水《みず》を　のませたかったから。

❷ ひしゃくから　とび出《だ》した　七《なな》つの　ダイヤモンドは、どう　なりましたか。（　）に　あう　ことばを　かきましょう。

ことです。ひしゃくが　ぴかっと　ひかって、中《なか》から　七《なな》つの　ダイヤモンドが　とび出《だ》しました。びっくりして　見《み》て　いると、ダイヤモンドは空《そら》　たかく　のぼって　いって　ほしに　なり、ひしゃくの　かたちに　ならびました。

それは、女《おんな》の子《こ》の　やさしい　こころへの　かみさまからの　ごほうびでした。

それからは、ひしゃくの　中《なか》には　いつも　水《みず》が　たまって　いたので、村《むら》の　人《ひと》たちは　水《みず》にこまる　ことが　なかったと　いう　ことです。

・空《そら》　たかく　のぼって　いって、（　　　）に　なり、（　　　）の　かたちに　ならんだ。

❸ 村《むら》の　人《ひと》たちが、水《みず》に　こまる　ことが　なかったのは、なぜですか。

・（　　　）の　中《なか》には　いつも　（　　　）が　たまって　いたから。

17 きたかぜと たいよう

イソップ

一人《ひとり》の　男《おとこ》が、たびを　して　いました。
それを　見《み》た　きたかぜが、たいように　いい
ました。
「たいようさん、きみと　ぼくの、どちらが　え
らいか、しょうぶを　しよう。男《おとこ》の　マントを
ぬがせた　ほうが　かちだよ。」
きたかぜは、川《かわ》も　木《き》も　こおって　しまいそ
うな　つめたい　かぜを、男《おとこ》に　ふきつけます。
「おお、きゅうに　さむく　なって　きた。」
ヒューヒューと　ふきつける　つめたい　かぜ
に　とばされないように、男《おとこ》は　マントを　しっ
かりと　おさえて、あるいて　いきます。
きたかぜが、力《ちから》いっぱい　ふきつけるほど、男《おとこ》

読《よ》んだ日《ひ》　　月《がつ》　　日《にち》

❶ 男《おとこ》の　マントを　ぬがせる　ために、きたかぜは　どう　しましたか。（　）に　あう　ことばを　かきましょう。

・つめたい（　　）を、（　　）に　ふきつけた。

❷ 「ぼく」とは、だれですか。四字《よじ》で　かき出《だ》しましょう。

は、マントを　ぎゅっと　おさえて　しまいます。
「こんどは、ぼくが　やるよ。」
そう　いって、たいようは、あたたかい　ひかりを　ふりそそぎました。
こおって　いた　川《かわ》の　水《みず》は　ながれ出《だ》し、木《き》には　花《はな》が　さきはじめました。
「おお、なんと　気《き》もちの　よい　天気《てんき》に　なった　ことだろう。」
男《おとこ》は　マントを　ぬいで、気《き》もちよさそうに　あせを　ぬぐいました。

❸ 男《おとこ》が　マントを　ぬいだのは、どうしてですか。

・（　　）の　あたたかい　（　　）が、男《おとこ》の　からだに　あたったから。

❹ きたかぜと　たいようの　しょうぶは、どう　なったのですか。一《ひと》つに　○を　つけましょう。

ア　たいようが　かった。
イ　きたかぜが　かった。
ウ　ひきわけに　なった。

18

ライオンと ねずみ

イソップ

ひるねを して いた ライオンの ところへ ねずみが やって きて、からだの 上《うえ》を ちょろちょろと うごきまわりました。

「なんだ。うるさいな。」

目《め》を さました ライオンは、ねずみを つかまえて、ぱくっと たべようと しました。

「たすけて ください。かならず ごおんがえしを しますから。」

「ちっぽけな ねずみの くせに。」

ライオンは わらいましたが、かわいそうだと おもって、ねずみを にがして やりました。

しばらく して、ライオンは 人間《にんげん》に つかまって しまいました。つなで しばられ、こまって

読《よ》んだ日《ひ》　月《がつ》　日《にち》

❶ ねずみは、どこを うごきまわったのですか。四字《よじ》で かきましょう。

・□□□□の からだの 上《うえ》。

❷ ライオンは、なぜ、ねずみを にがして やったのですか。一《ひと》つに、○を つけましょう。

ア ねずみが ごおんがえしを すると いったから。

イ ねずみが ちょろちょろ して いたから。

いる　ところに　やって　きたのは、いつかの
ねずみです。
　ねずみは、つなを　かみきり、ライオンに　いいました。
「ちっぽけな　ねずみでも、ちゃんと□が　できるんですよ。」
「ありがとう、ねずみくん。あの　とき、きみを　わらって、ごめんね。」
　ライオンは、ねずみに　おれいを　いって
あやまりました。

ウ　ねずみの　ことを、かわいそうだと　おもったから。

❸ □に　入《はい》る　ほうの　ことばに、○を　つけましょう。

ア　ごおんがえし

イ　力《ちから》だめし

❹ ライオンが　ねずみに　いった　ことばを　かきましょう。

・おれいの　ことば

□

・あやまりの　ことば

□ね

19

スフィンクス

ギリシャしんわ

むかし、ギリシャに　スフィンクスと　いうかいぶつが　いました。

スフィンクスは、町《まち》の　入《い》り口《ぐち》に　いて、とおりかかる　人《ひと》に　なぞなぞを　出《だ》します。そのなぞなぞが　とけないと、町《まち》に　入《い》れて　くれません。スフィンクスの　出《だ》す　なぞなぞは、とても　むずかしくて、こたえが　わからない　人《ひと》びとは、たいへん　こまって　いました。

「わたしが　なぞなぞを　といて　やろう。」

ある　日《ひ》、オイディプスと　いう　かしこい男《おとこ》が、町《まち》の　入《い》り口《ぐち》に　やって　きました。

スフィンクスは、もんだいを　出《だ》しました。

「はじめは　四本足《よんほんあし》、つぎに　二本足《にほんあし》、さいごに

読《よ》んだ日《ひ》　月《がつ》　日《にち》

❶ スフィンクスは、町《まち》の　入《い》り口《ぐち》で　なにを　して　いましたか。（　）に　あう　ことばを　かきましょう。

・とおりかかる　人《ひと》に（　　　　）を出《だ》して　いた。

❷ ――せんのようだったのは、どうしてですか。よい　ほうに、○を　つけましょう。

ア　町《まち》に　入《はい》れないから。

イ　町《まち》から　出《で》られないから。

三本足《さんぼんあし》に なる ものは、なんだ。」
「それは、人《ひと》だ。赤《あか》ちゃんの ときは、はいはいを して いるから、四本足《よんほんあし》。大人《おとな》に なったら、二本足《にほんあし》で あるく。そして、年《とし》を とると、

つえを つかうから、三本足《さんぼんあし》に なる。」
オイディプスは、すらすらと こたえを いいました。
「人間《にんげん》にも、かしこい ものが いるようだ。」
スフィンクスは、そう いって、町《まち》に 入《はい》る 人《ひと》の じゃまを しなく なったと いう ことです。

❸ スフィンクスの なぞなぞに こたえたのは、だれですか。その 人《ひと》の 名《な》まえと、こたえを かきましょう。

・名《な》まえ（　　　　）

・こたえ（　　　　）

❹ スフィンクスが、町《まち》に 入《はい》る 人《ひと》の じゃまを しなく なったのは、なぜですか。

・人間《にんげん》にも、（　　　　）ものが いる ことが わかったから。

20 いなかの　ねずみと　町《まち》の　ねずみ

イソップ

ある　とき、町《まち》の　ねずみが　いなかの　ねずみの　ところへ　あそびに　いくと、いなかの　ねずみが　じまんしました。

「はたけには、むぎが　いっぱい　おちて　いて、おなかいっぱい　たべられるよ。」

町《まち》の　ねずみは、かおを　しかめました。

「むぎが　ごちそうだなんて。ぼくの　いえに　くれば、もっと　おいしい　ものを　たべさせて　あげるよ。」

こんどは、いなかの　ねずみが、町《まち》の　ねずみの　いえを　たずねました。

テーブルの　上《うえ》には、いなかの　ねずみが　見《み》た　ことも　ない　ごちそうが　いっぱい。

読《よ》んだ日《ひ》　月《がつ》　日《にち》

❶ 町《まち》の　ねずみが　かおを　しかめたのは、なぜですか。一《ひと》つに　○を　つけましょう。

ア 早《はや》く　むぎを　たべたかったから。

イ むぎなんて、ごちそうでは　ないと　おもったから。

ウ むぎが、大《だい》きらいだったから。

❷ 町《まち》の　ねずみが　耳《みみ》を　ぴくりと　させたのは、どうしてですか。（　）に　あう　ことばを　かきましょう。

二《に》ひきが　ごちそうを　たべようと　したときの　ことです。

とつぜん、町《まち》の　ねずみが、耳《みみ》を　ぴくりと　させました。

「早《はや》く、かくれろ。この　いえの　しゅ人《じん》の　足音《あしおと》だ。」

町《まち》の　ねずみが　かべの　あなの　中《なか》に　とびこむのを　見《み》て、いなかの　ねずみも、あわてて　あなに　入《はい》りました。

「ぼくは、かえる。どんなに　ごちそうが　あっても、びくびくして　くらすのは　ごめんだよ。」

いなかの　ねずみは、いそいで　かえって　いきました。

・いえの　（　　）の　（　　）が　きこえて　きたから。

❸ 二《に》ひきの　ねずみは、どこに　かくれましたか。

（　　）

❹ いなかの　ねずみが　すみたいと　おもって　いる　ほうに、○を　つけましょう。

ア　町《まち》

イ　いなか

21

ヘラクレス

ギリシャしんわ

むかし、ヘラクレスと　いう、つよくて、ちえと　ゆう気《き》の　ある　男《おとこ》が　いました。

その　ころ、九《ここの》つの　あたまを　もつ　大《おお》きなへびが、うまや　うしを　たべて　しまうので、町《まち》の　人《ひと》は　とても　こまって　いました。

この　はなしを　きいた　ヘラクレスは、へびの　いる　みずうみに　いき、へびが　出《で》てくるのを　まちました。

しばらく　たつと、みずうみの　中《なか》から、九《ここの》つの　あたまを　もった　大《おお》きな　へびが、すがたを　あらわしました。ヘラクレスは、へびに　とびかかり、九《ここの》つの　あたまを　つぎつぎに　かたなで　きりおとして　いきました。ところが、へ

読《よ》んだ日《ひ》　月《がつ》　日《にち》

❶ ヘラクレスは、どんな　男《おとこ》ですか。（　）に　あう　ことばを　かきましょう。

・（　　　）て、ちえと（　　　）の　ある　男《おとこ》。

❷ 町《まち》の　人《ひと》が　こまって　いたのは、どんな　ことですか。

・九《ここの》つの　あたまを　もつ　大《おお》きな　へびが、（　　　）を　たべて　しまう　こと。

びの あた

きっても き

生《は》えて きま

こで ヘラク

木《き》の えだを

にして、火《ひ》

け、あたまを

た あとを、

火《ひ》で ジュッ

ヘラクレスは 八つの あたまを たいじする ことが できました。しかし、さいごの 一《ひと》つは、なかなか やっつけられなかったので、あなを ほって へびを とじこめて、いわで ふたを して しまいました。

こうして、町《まち》は へいわに なりました。

は、火《ひ》を つけ

えだで、へびの

さましたか。一《ひと》つ

つけましょう。

あたま。

あたま。

を きった あと。

ヘラクレスは へびを どう しましたか。

・（　　）を ほり、そこに とじこめて、（　　）で ふたを した。

22 ながぐつを はいた ねこ①

ペロー

少年《しょうねん》は、なくなった おとうさんが のこして くれた ねこと くらす ことに なりました。

少年《しょうねん》が、あしたから どう やって くらして いこうかと こまって いると、ねこが いいました。

「それでは、ぼくに ながぐつを ください。」

ねこは、少年《しょうねん》が よういした ながぐつを はいて、出《で》かけて いきました。そして、森《もり》で うさぎを つかまえると、おしろへ むかいました。

「王《おう》さま。これは カラバこうしゃくからの おくりものです。」

読《よ》んだ日《ひ》　月《がつ》　日《にち》

❶ ねこは、少年《しょうねん》に どんな ことを たのみましたか。（　）に あう ことばを かきましょう。

・（　　　　）を くれと いう こと。

❷ 「カラバこうしゃく」とは、だれの ことですか。一《ひと》つに ○を つけましょう。

ア 王《おう》さま

イ ねこ

ウ 少年《しょうねん》

王《おう》さまが　とても　よろこんだので、ねこは、たびたび　とりや　うさぎを　おしろに　もって　いきました。

ある　日《ひ》、ねこが　少年《しょうねん》に　いいました。

「川《かわ》で　水《みず》あびを　して　いて　ください。」

少年《しょうねん》は、ふしぎに　おもいながらも、ねこの　いう　とおりに　川《かわ》へ　入《はい》りました。まもなく、王《おう》さまが　おひめさまを　つれて、馬車《ばしゃ》で　とおりかかりました。

「ごしゅ人《じん》さまが　おぼれて　います。たすけて！」

ねこは、大《おお》ごえで　さけびました。

「いつも　おくりものを　くれる　カラバこうしゃくが　たいへんだ。たすけて　あげなさい。」

王《おう》さまは、けらいが　たすけた　少年《しょうねん》に、きれいな　ふくを　あたえました。

3 ねこは、少年《しょうねん》に　川《かわ》で　なにを　して　いるように　いいましたか。

・（　　　）を　して　いるようにと　いった。

4 川《かわ》に　いる　少年《しょうねん》を　たすけるように　いったのは、だれですか。

・（　　　）を　つれて、馬車《ばしゃ》で　とおりかかった　（　　　）。

23 ながぐつを　はいた　ねこ②

ペロー

少年《しょうねん》が、王《おう》さまや　おひめさまと　なかよくはなして　いるのを　見《み》とどけると、ねこは、人《ひと》くいおにが　すむ　おしろへ　むかいました。

人《ひと》くいおには、人間《にんげん》に　ひろい　はたけを　たがやさせ、いう　ことを　きかないと　たべて　しまうと　いう　おそろしい　おにでした。

ねこは、おにに　あうと　いいました。

「あなたは、なんにでも　すがたを　かえられるそうですね。」

「なまいきな　ねこだ。くって　やるぞ。」

読《よ》んだ日《ひ》　月《がつ》　日《にち》

1 人《ひと》くいおには、どんな　おにですか。（　）に　あう　ことばを　かきましょう。

・いう　ことを　きかない

（　　　）を　たべて　しまうと　いう

（　　　）おに。

2 「そんな　こと」とは、どんな　ことですか。一《ひと》つに　○を　つけましょう。

ア　ねこを　たべる　こと。

イ　ライオンに　ばける　こと。

おには、ぱっと　ライオンの　すがたに　なりました。

「こわい！　でも、小《ちい》さな　ねずみには、ばけられないでしょう。」

「そんな　ことは　かんたんだ。」

おには、ぱっと　ねずみに　かわりました。

「しめた！」

ねこは、ねずみを　さっと　つかまえて、たべて　しまいました。

そこへ、王《おう》さまの　馬車《ばしゃ》が　きました。

「カラバこうしゃくの　おしろへ　ようこそ。」

と、ねこが　王《おう》さまたちを　むかえました。

少年《しょうねん》は、ねこの　ちえの　おかげで、りっぱな　カラバこうしゃくに　なり、おひめさまと　けっこんして、しあわせに　くらしました。

ウ　ねずみに　ばける　こと。

❸「カラバこうしゃくの　おしろ」は、もとは、だれの　おしろだったのですか。

・（　　　　　）の　おしろ。

❹ 少年《しょうねん》が　しあわせに　くらす　ことが　できたのは、なんの　おかげですか。

・（　　　　　）の　（　　　　　）の　おかげ。

24 ウィリアム・テル

スイスの　むかしばなし

むかし、スイスと　いう　くにに、ウィリアム・テルと　いう　弓《ゆみ》の　名人《めいじん》が　いました。

ある　とき、ウィリアム・テルが　むすことあるいて　いると、いじの　わるい　やく人《にん》がこえを　かけて　きました。

「おまえは、弓《ゆみ》の　名人《めいじん》と　いう　うわさだな。むすこの　あたまの　上《うえ》に　りんごを　のせて、その　りんごに　矢《や》を　あてて　みろ。」

やく人《にん》の　ことばに　したがわなければ、ひどい　めに　あわされて　しまいます。

むすこは、とおくの　木《き》の　下《した》に　つれて　いかれ、あたまの　上《うえ》に　りんごを　のせられました。すこしでも　ねらいが　はずれれば、矢《や》は、

読《よ》んだ日《ひ》　月《がつ》　日《にち》

❶ ウィリアム・テルは、なにの　名人《めいじん》ですか。（　）に　あう　ことばを　かきましょう。

・（　　　）の　名人《めいじん》。

❷ ウィリアム・テルが、――せんのように　なったのは、なぜですか。よい　ほうに、〇を　つけましょう。

ア　しっぱいすれば、ひどい　めに　あわされるから。

イ　矢《や》が、むすこの　あたまに　ささるかも　しれないから。

むすこの　あたまに　ささって　しまいます。
さすがの　ウィリアム・テルも　手《て》が　ふるえ、あせが　ながれて　きました。
その　とき、むすこが　さけびました。
「おとうさんなら、ぜったいに　だいじょうぶ。」
ウィリアム・テルは、おもいきって、矢《や》を　はなちました。
ビューン！　パシッ！
矢《や》は、みごと
□に　めい中《ちゅう》です。
どう　なる　ことかと　見《み》まもって　いた　町《まち》の　人《ひと》たちも、とても　よろこび、ウィリアム・テルを　ほめました。

③ 〰〰せんは、なんの　音《おと》ですか。――せんで　つなぎましょう。

ビューン！	・	・	矢《や》が　あたる　音《おと》。
パシッ！	・	・	矢《や》が　とんで　いく　音《おと》。

④ □に　あう　三字《さんじ》の　ことばを　かき出《だ》しましょう。

□□□

25 きつねと つる

イソップ

「おいしい スープを ごちそうするから、うちへ あそびに おいで。」

ある 日《ひ》、きつねが つるに いいました。

つるが いそいそと 出《で》かけて いくと、きつねは スープを たいらな おさらに 入《い》れて 出《だ》しました。

「さあ、のんで くれ。」

けれども、つるの くちばしは ながくて、おさらを つつくだけ。

「きつねさん、これじゃ のめないよ。」

きつねは しらんかおで、おいしそうに したで スープを なめて います。

「くやしいなあ。」

読《よ》んだ日《ひ》　月《がつ》　日《にち》

❶ きつねは、スープを なにに 入《い》れましたか。（　）に あう ことばを かきましょう。

・（　　　）な（　　　）に 入《い》れた。

❷ スープが のめなかった ときの つるの 気《き》もちが わかる ことばを、四字《よじ》で かきましょう。

（　　　　）なあ。

つるは　どうにか　して、きつねに　しかえしを　したいと　おもいました。

つぎの　日《ひ》、こんどは　つるが、きつねを　いえに　よびました。ごちそうを　出《だ》して、

「どうぞ　めしあがれ。」

ごちそうは、ほそながい　つぼに　入《はい》って　います。

つるは、つぼに　くちばしを　入《い》れて　ごちそうを　つついて　いますが、きつねが　一生《いっしょう》けんめい　したを　のばしても、ごちそうに　とどきません。

「うーん、やられた。」

きつねは、すごすごと　かえって　いきました。

❸ つるが　きつねを　いえに　よんだのは、なぜですか。一《ひと》つに　○を　つけましょう。

ア　ごちそうを　たべて　もらう　ため。

イ　きのうの　しかえしを　する　ため。

ウ　きつねと　いっしょに　あそぶ　ため。

❹ きつねが　ごちそうを　たべられなかったのは、なぜですか。

・ごちそうは、

（　　　　　）

つぼに　入《はい》って　いたから。

26

はだかの 王《おう》さま①

アンデルセン

ある くにに、きれいな ふくが 大《だい》すきな 王《おう》さまが いました。

ある 日《ひ》、おしろに 一人《ひとり》の 男《おとこ》が やって きて、いいました。

「わたしの つくる ふくは、わるい 人《ひと》には、見《み》えないのです。」

「それは、めずらしい。ぜひ、わしの ために ふくを つくって ほしい。」

王《おう》さまは、ふくが できるのが まちどおしく

❶ 王《おう》さまが つくって ほしいと いったのは、どんな ふくですか。よい ほうに、○を つけましょう。

ア わるい 人《ひと》が きると、見《み》えなく なって しまう ふく。

イ わるい 人《ひと》には、見《み》えない ふく。

❷ 大臣《だいじん》が おどろいたのは、どうしてですか。（　）に あう ことばを かきましょう。

読《よ》んだ日《ひ》　月《がつ》　日《にち》

て　しかたが　ありません。
「大臣《だいじん》、どこまで　できたか、見《み》て　きなさい。」
大臣《だいじん》が、男《おとこ》の　ところに　いくと、男《おとこ》が　いい
ました。
「いま、ふくを　ぬって　いる　ところです。ど
うです。すてきな　ぬのでしょう。」
大臣《だいじん》は、おどろきました。男《おとこ》が　手《て》を　うごか
して　いるのに、糸《いと》も　ぬのも　見《み》えないのです。
でも、見《み》えないと　いうと、わるい　人《ひと》だと　お
もわれて　しまいます。そこで　大臣《だいじん》は、
「それは　それは、すばらしい　ふくで　ござい
ます。」
と、王《おう》さまに　いいました。
王《おう》さまは、わくわくして　ふくが　できるのを
まちました。

・男《おとこ》が　手《て》を　うごかして
いるのに、（　　　）も
（　　　）も　見《み》えな
いから。

❸ 大臣《だいじん》が　——せんのように
いったのは、どうしてですか。
□に　あう、三字《さんじ》の　こと
ばを　かきましょう。

・じぶんが
□□□　人《ひと》だと
おもわれない　ため。

27 はだかの 王《おう》さま②

アンデルセン

つぎの 日《ひ》、ふくが できたと いって、男《おとこ》が やって きました。

「どうぞ、ごらんください。」

ところが、王《おう》さまには □ が 見《み》えません。でも、王《おう》さまは、見《み》える ふりを して、

「おお！ なんと すばらしい ふくだ！」

と、いいました。

けらいたちも 見《み》える ふりを して、みんなで 見《み》えない ふくを ほめました。

そこで、王《おう》さまは、この ふくを きて、パレードを する ことに しました。王《おう》さまの あたらしい ふくの ことは、町《まち》の 人《ひと》たちの あいだでも ひょうばんで、たくさんの 人《ひと》が

読《よ》んだ日《ひ》 月《がつ》 日《にち》

❶ □に あう、二字《にじ》の ことばを かき出《だ》しましょう。

❷ あつまって きた 町《まち》の 人《ひと》たちが びっくりしたのは、どうしてですか。（ ）に あう ことばを かきましょう。

・あたらしい ふくを きて いる はずの 王《おう》さまが、（　　　）だった から。

あつまって　きました。

ところが、みんな　びっくり。王《おう》さまは、はだかです。でも、見《み》える　ふりを　して　ほめました。すると、一人《ひとり》の　子《こ》どもが　いいました。

「あれえ、へんな　王《おう》さま。はだかで　あるいているよ。」

王《おう》さまも、子《こ》どもの　いって　いることが　ほんとうだと　おもいましたが、いまさら　パレードを　やめる　わけには　いきません。

いばった　ようすの　ままで、はだかの　王《おう》さまは、パレードを　つづけて　いきました。

❸ はだかの　王《おう》さまは、どんな　ようすで　パレードを　つづけましたか。

・（　　　　）ようすの　ままで　つづけた。

❹ おはなしに　出《で》て　くる　人《ひと》の　中《なか》で、ほんとうの　ことを　いって　いるのは、だれですか。一《ひと》つに、○を　つけましょう。

ア　王《おう》さま。
イ　けらいたち。
ウ　町《まち》の　人《ひと》たち。
エ　一人《ひとり》の　子《こ》ども。

28 うさぎと　かめ

イソップ

「かめさん、あそこの　おかの　上《うえ》まで、かけっこを　しよう。」

足《あし》の　はやさが　じまんの　うさぎが、足《あし》の　おそい　かめに　いいました。

「ようい！　どん！」

うさぎは、どんどん　先《さき》に　はしって　いきました。おかの　下《した》まで　きた　とき、うさぎは　じぶんの　ほうが　ずっと　はやいと　あんしんして、ひと休《やす》み。ぽかぽか　あたたかい　日《ひ》ざしに、つい　いい　気《き》もちに　なって、うとうとして　しまいました。

かめは、その　あいだも、一生《いっしょう》けんめい　はしりつづけました。

読《よ》んだ日《ひ》　　月《がつ》　　日《にち》

❶ うさぎと　かめは、どこまで　かけっこを　するのですか。（　）に　あう　ことばを　かきましょう。

・（　　　　　　）まで。

❷ うさぎが　おかの　下《した》で　ひと休《やす》みしたのは、どうしてですか。よい　ほうに、○を　つけましょう。

ア　じぶんの　ほうが　ずっと　はやいと、あんしんして　いたから。

「しまった！　ねすごした！」
目《め》を　さました　うさぎは、おかを　のぼって
いる　かめを　見《み》つけて　大《おお》あわて。
大《おお》いそぎで　かめを　おいかけましたが、かめ
の　ほうが　一足《ひとあし》　早《はや》く、ちょう上《じょう》に　たどりつ
きました。
「ああ、しっぱいした。なまけた　ぼくが　わる
かった。」

イ　あたたかい　日《ひ》ざしに、
つい　いい　気《き》もちに
なったから。

❸ うさぎが　目《め》を　さました
とき、かめは、どう　して
いましたか。

・（　　　）を　のぼっ
て　いた。

❹ うさぎは、なぜ　しっぱい
したと　おもって　いますか。
四字《よじ》で　かきましょう。

・□□□□から。

29

ありと はと

イソップ

ありが、いけに やって きました。水《みず》を のもうと した とたん、ポチャンと いけに おちて しまいました。

「ぼくは、およげないんだ。たすけて くれえ。」

その ようすを、木《き》の 上《うえ》から、一《いち》わの はとが 見《み》て いました。

「これに つかまって。」

はとは、小《こ》えだを なげて やりました。

「はとさん、ありがとう。」

ありは、小《こ》えだに しがみついて、たすかりました。

それから、なん日《にち》か たった 日《ひ》の こと。ありが 森《もり》を あるいて いると、一人《ひとり》の 男《おとこ》が

❶ いけに おちた ありが、「たすけて くれえ。」と いったのは、なぜですか。（　）に あう ことばを かきましょう。

・ありは、

（　　　　　　　　）から。

❷ はとが、「これ」と いって いるのは、なんですか。三字《さんじ》で かき出《だ》しましょう。

読《よ》んだ日《ひ》　月《がつ》　日《にち》

草《くさ》むらに　かくれて　いました。

男《おとこ》は、てっぽうで　えものを　ねらって　います。ねらわれて　いるのは、この　まえ　いけに　おちた　ときに　たすけて　くれた、はとでは　ありませんか。

「あぶない！」

ありは　男《おとこ》の　足《あし》に、力《ちから》いっぱい　かみつきました。

「いたい！」

こえに　気《き》づいた　はとは、あわてて　とび立《た》ちました。

「ありさん、ありがとう。たすかったよ。」

はとは、そう　いって、空《そら》　たかく　とんで　いきました。

③ 男《おとこ》が、「いたい！」と　いったのは、どうしてですか。

・（　　　）が、男《おとこ》の（　　　）に、力《ちから》いっぱい　かみついたから。

④ ありと　はとは、たすけて　もらった　とき、どちらも　おなじ　ことばを　いって　います。五字《ごじ》で　かき出《だ》しましょう。

答えとアドバイス

おうちの方へ
◎解き終わったら、できるだけ早めに答え合わせをしてあげましょう。
◎まちがった問題は、もう一度やり直させてください。

1 三つの　ねがい　2〜3ページ

❶ （大きな）木
❷ ソーセージ
❸ もったいない
❹ ウ

【アドバイス】
❹ 最後の三つ目の願いをおじいさんのために使った、おばあさんのやさしい気持ちを読み取らせましょう。

2 ブレーメンの音がくたい　4〜5ページ

❶ ブレーメン・音がくたい
❷ どろぼう（たち）
❸ 犬・犬・ねこ・にわとり

【アドバイス】
❸ 縦に並んだ動物たちの順序を正しくとらえさせましょう。それぞれの動物の鳴き声も、確かめさせておくとよいでしょう。

3 ねずみの　そうだん　6〜7ページ

❶ イ
❷ くび・すず
❸ ねこ・こわい

【アドバイス】
❸ いいアイデアだと思ったのに、実行に移すには、こわいねこに近づかなくてはならないという話のおもしろさに、気づかせたいものです。

4 ヘンゼルとグレーテル① 8〜9ページ

❶ こまかく〔すこしずつ〕・パン
❷ 小とりたち
❸ ウ
❹ おかし

【アドバイス】
❷ 森の小鳥たちにとって、ちぎったパンは、ありがたい食べ物だったことに気づかせましょう。

5 ヘンゼルとグレーテル② 10〜11ページ

❶ まじょ
❷ おり・ごちそう
❸ まじょ・かまど
❹ おとうさん

【アドバイス】
❷ ヘンゼルが、何のためにごちそうを食べさせられ続けたのか、その理由を理解しているか、確かめましょう。

6 三人の　むすこ　12〜13ページ

❶ イ
❷ たから
❸ たから・じぶん
❹ なかよく

【アドバイス】
❹ 初めは宝ほしさで働いた兄弟が、最後には、父親の気持ちに気づいたことをしっかり読み取らせましょう。

7 十二の　月①　14〜15ページ

❶ ・ふゆ　・はる
❷ ア
❸ ゆき・すみれ

【アドバイス】
❸ 一月と三月のようせいが交代したことで、森の様子が、三月のすみれの花がさく季節に変化したことを読み取らせましょう。

8 十二の　月②　16〜17ページ

❶ りんご
❷ 九月の　ようせい・つえ
❸ ア
❹ りんご

【アドバイス】
❹ 女王たちが、なぜ、森から帰ってくることができなかったのか、お子さんの考えを聞いてみましょう。

9 アリババと四十人の　とうぞく　18〜19ページ

❶ いわ山・木の かげ
❷ 入り口
❸ おやぶん・とじよ　ごま！
❹ たから

【アドバイス】
❹ 岩山の開け方を覚えたために、宝を手にすることができたわけです。

10 さいごの　一葉　20〜21ページ

❶ えかきさん
❷ イ
❸ 一まい
❹ えかきさん・かべ

【アドバイス】
❹ 文章の最後にあるように、少女に希望をもたせるための、最後の一葉だったことをおさえさせましょう。

11 トム・ソーヤ　22〜23ページ

❶ うんざり
❷ ウ
❸ りんご・のんびり

【アドバイス】
❸ へいのペンキぬりは楽しいと仲間たちに思わせることで、トムはつらい作業をせずにすんだのだということに気づかせましょう。

12 金のおの　おの　ぎんのおの　24〜25ページ

❶ ふかく・おの
❷ （右から順に）2・3・1
❸ てつ
❹ 金の　おの・ぎんの　おの（順不同）

【アドバイス】
❹「正直」が、男のどんな行動を指して言っているのかということも、しっかりとおさえさせましょう。

13 よくばりな　犬　26〜27ページ

❶ にく・犬
❷ （力いっぱい、ワンワンと）ほえた
❸ （はしの　上の）じぶん
❹ よくばった

【アドバイス】
❹ 最後の二行に、「欲ばると、ろくなことがない」というイソップの教訓が表れています。

14 しあわせな　王子　28〜29ページ

❶ だい・上
❷ ウ
❸ ほう石や　金（金や　ほう石）
❹ しあわせ

【アドバイス】
❹ 王子は、自分の姿がすっかりみすぼらしくなっても、町が活気づいてきたことがうれしかったのです。

15 ひしゃくぼし①　30〜31ページ

❶ おかあさん・のど
❷ 水
❸ 木・ぎん

【アドバイス】
❷・❸「ひしゃく」については、31ページのさし絵で、どんな形のものか、確かめさせてください。

16 ひしゃくぼし②　32〜33ページ

❶ ウ
❷ ほし・ひしゃく
❸ ひしゃく・水

【アドバイス】
●「ひしゃくぼし」は、北の空に、ひしゃくの形をして並んでいる七つの星（北斗七星）のことです。

17 きたかぜと　たいよう　34〜35ページ

❶ かぜ・男
❷ たいよう
❸ たいよう・ひかり
❹ ア

【アドバイス】
❹ お話の初めで北風が言っている、「男の　マントを　ぬがせた　ほうが　かちだよ。」に注目させましょう。

18 ライオンと ねずみ　36〜37ページ

❶ ライオン
❷ ウ
❸ ア
❹ ・ありがとう
・ごめん

【アドバイス】
❹ 助けてもらったお礼と、ねずみを笑ったことへのおわびです。

19 スフィンクス　38〜39ページ

❶ なぞなぞ
❷ ア
❸ ・オイディプス
・人（人間）
❹ かしこい

【アドバイス】
❸ 四本足→赤ちゃん、二本足→大人、三本足→老人（両足とつえ）を理解させましょう。

20 いなかの ねずみと 町の ねずみ　40〜41ページ

❶ イ
❷ しゅ人・足音
❸ （かべの）あな（の 中。）
❹ イ

【アドバイス】
❹ なぜ「いなか」に住みたいのか、その理由（＝びくびくして くらすのは ごめんだ）をとらえさせましょう。

21 ヘラクレス　42〜43ページ

❶ つよく・ゆう気
❷ うまや うし（うしや うま）
❸ ウ
❹ あな・いわ

【アドバイス】
❸ 頭が生えてくる部分を焼くことで、二度と生えてこないようにしたのです。

22 ながぐつを はいた ねこ①　44〜45ページ

❶ ながぐつ
❷ ウ
❸ 水あび
❹ おひめさま・王さま

【アドバイス】
❸ ねこは、水浴びをしている少年を「おぼれた」と言うことで、王様に助けさせようともくろんだのです。

23 ながぐつを はいた ねこ②　46〜47ページ

❶ 人間（人げん）・おそろしい
❷ ウ
❸ 人くいおに（おに）
❹ ねこ・ちえ

【アドバイス】
❹ ねこが、次から次へと知恵を働かせて少年を幸せにしていく様子を、読み取らせましょう。

24 ウィリアム・テル　48～49ページ

❶ 弓（ゆみ）

❷ イ

❸ ビューン！ ― 矢が とんで いく音。
パシッ！ ― 矢が あたる 音。

❹ りんご

【アドバイス】

❷ ウィリアム・テルは、万が一のときを思って、不安になったのです。

25 きつねと　つる　50～51ページ

❶ たいら・おさら

❷ くやしい

❸ イ

❹ ほそながい

【アドバイス】

❹ きつねのやり方を逆手にとって、ごちそうを細長いつぼに入れて出したつるの知恵を読み取らせましょう。

26 はだかの　王さま①　52～53ページ

❶ イ

❷ 糸・ぬの（順不同）

❸ わるい

【アドバイス】

❸ 男のうそにだまされているのに、本当のことを言えないでいる大臣の姿に、目を向けさせましょう。

27 はだかの　王さま②　54～55ページ

❶ ふく

❷ はだか

❸ いばった

❹ エ

【アドバイス】

❹ 世間体にとらわれない子どもだけが、自分の目で見たことをありのままに言っています。

28 うさぎと　かめ　56～57ページ

❶ おかの 上（ちょう上）

❷ ア

❸ おか

❹ なまけた

【アドバイス】

❹ うさぎの自信過剰から、走るのをなまけてしまったということを理解させましょう。

29 ありと　はと　58～59ページ

❶ およげない

❷ 小えだ

❸ あり・足

❹ ありがとう

【アドバイス】

❹ はとが投げてくれた小枝で助かったありが、はとをねらう男の足にかみついて、恩返しをしています。